Emil Ebert

Die Sprichwörter der altfranzösischen Karlsepen

Emil Ebert

Die Sprichwörter der altfranzösischen Karlsepen

ISBN/EAN: 9783743483378

Hergestellt in Europa, USA, Kanada, Australien, Japan

Cover: Foto ©Thomas Meinert / pixelio.de

Manufactured and distributed by brebook publishing software (www.brebook.com)

Emil Ebert

Die Sprichwörter der altfranzösischen Karlsepen

AUSGABEN UND ABHANDLUNGEN
AUS DEM GEBIETE DER
ROMANISCHEN PHILOLOGIE.
VERÖFFENTLICHT VON E. STENGEL.
XXIII.

DIE SPRICHWÖRTER

DER

ALTFRANZÖSISCHEN KARLSEPÈN

VON

EMIL EBERT.

MARBURG.
N. G. ELWERT'SCHE VERLAGSBUCHHANDLUNG.
1884.

Herrn

Professor Dr. Edmund Stengel

in dankbarer Verehrung

gewidmet

vom Verfasser.

Vorwort.

Inhalt und Ausdrucksweise der altfranzösischen Karlsepen tragen das getreue Gepräge ihrer Zeit. Ungekünstelt und volkstümlich, spiegeln sie des Volkes Denk- und Anschauungsweise klar wieder. Nicht zum Geringsten offenbart sich dieselbe durch die Sprache und den Inhalt der in den chansons de geste eingeflochtenen Sprichwörter. Sie vollendeten den Charakter des altfranzösischen Volksepos, indem sie aus dem Herzen und zum Herzen der Zuhörer redeten und dieselben in ihrer Ansicht von der Glaubwürdigkeit des im Vortrage Geschilderten zu bestärken vermochten. Um die Sprichwörter der altfranzösischen Karlsepen sowol nach culturgeschichtlicher als auch nach literarhistorischer Seite zu prüfen, ist eine Zusammenstellung derselben notwendig. Eine solche Zusammenstellung, soweit dieselbe nach den bisher gedruckten chansons de geste gegeben werden kann, zu liefern, auf die nächstliegenden Ausgangspunkte einer eingehenden Untersuchung hinzuweisen, diese Aufgabe bezweckt die vorliegende Abhandlung zu lösen.

Erklärung der Abkürzungen.

A. — Aiol chanson de geste p. p. Jacques Normand et Gaston Raynaud (Soc. des anc. textes fr.).

A. d'A. — Aye d'Avignon chanson de geste p. p. MM. F. Guessard et P. Meyer. (Im 6. Bde. von: Les anc. poètes de la Fr.)

A. d. B. — Aus der chanson de geste von Auberi dem Burgunden, hrsg. von Adolf Tobler.

A. et A. — Amis et Amiles und Jourdains de Blaivies, hrsg. von Konrad Hofmann. 2. Aufl.

Agl. — Aus Agolant, hrsg. in: Der Roman von Fierabras provenzalisch von Imm. Bekker. = Asp.

A. l. B. — Auberi le Bourgoing p. p. Tarbé.

A. l. Borg. — Aus Auberis le Borgignons, hrsg.: in Romvart von A. Keller.

Alc. — Aliscans chanson de geste p. p. MM. F. Guessard et A. de Montaiglon. (10. Bd. von: Les anc. poètes de la Fr.)

Ant. — La chanson d'Antioche p. p. Paulin Paris.

Aq. — Le Roman d'Aquin chanson de geste du XIIe siècle p. p. F. Joüon des Longrais.

Asp. — Aus Aspremont, hrsg. in: Die altfranzösischen Romane der St. Marcus-Bibliothek, Proben und Auszüge von Imm. Bekker. = Agl.

Aub. — Auberon, hrsg. in: I Complementi della chanson d'Huon de Bordeaux von A. Graf.

B. — Li roumans de Berte aus grans piés par Adenés li Rois p. p. M. Aug. Scheler.

B. d. B. — Li Bastars de Buillon poëme du XIVe siècle p. p. M. Aug. Scheler.

B. d. C. — Bueves de Commarchis par Adenés li Rois p. p. M. Aug. Scheler.

C. de J. — La conquête de Jérusalem par le Pelerin Richard et renouvelée par Graindor de Douai p. p. C. Hippeau.

Ch. au C. — Le chevalier au cygne p. p. le Baron de Reiffenberg (Monuments pour servir à l'histoire des provinces de Namur, de Hainaut et de Luxembourg).

Ch. d. N. — Li Charrois de Nimes, hrsg. in: Guillaume d'Orange von Jonckbloet.

Ch. O. — La Chevalerie Ogier de Danemarche par Raimbert de Paris p. p. J. Barrois.
Chr. r. — Chronique rimée de Philippe Mouskes p. p. le Baron de Reiffenberg.
Cl. — Li roumans de Cléomadès par Adenés li Rois p. p. André van Hasselt.
C. L. — Li Coronemens Looys, hrsg. in: Guillaume d'Orange von Jonckbloet.
C. V. — Li Covenans Vivien, hrsg. in: Guillaume d'Orange von Jonckbloet.
D. — Sprichwörter der germanischen und romanischen Sprachen von Ida von Düringsfeld und Otto Freiherrn von Reinsberg-Düringsfeld.
D. A. — Zeitschrift für deutsches Alterthum, hrsg. von Moriz Haupt.
D. d. M. — Doon de Maience chanson de geste p. p. M. A. Pey (2. Bd. von: Les anc. poètes de la Fr.).
D. d. R. — La Destruction de Rome, hrsg. in Romania II, p. 6—48 von G. Groeber.
D. ms. — Documents manuscrits de l'ancienne littérature de la France p. M. Paul Meyer.
E. d. G. — Elie de Saint Gille chanson de geste p. p. Gaston Raynaud (Soc. des anc. textes fr.).
E. O. — Les Enfances Ogier par Adenés li Rois p. p. M. Aug. Scheler.
F. — Fierabras chanson de geste p. p. MM. A. Kroeber et G. Servois (Im 4. Bde. von: Les anc. poètes de la Fr.).
F. d. C. — Le Roman de Foulque de Candie par Herbert Leduc de Dammartin p. p. Tarbé.
Fl. — Floovant chanson de geste p p. MM. Michelant et F. Guessard (Im 1. Bde. von: Les anc. poètes de la Fr.).
G. — Gaydon chanson de geste p. p. MM. F. Guessard et S. Luce (7. Bd. von: Les anc. poètes de la Fr.).
Gar. d. M. — Bruchstück der chanson de Garin de Monglane, hrsg. in der Zeitschr. f. rom. Phil. IV. p. 404 sqq. von E. Stengel.
Gar. d. M. ms. — Garin de Monglane Manuscr. fonds français 24403 Bibliothèque nationale Paris, Copie von H. Müller.
G. d. B. — Gui de Bourgogne chanson de geste p. p. MM. F. Guessard et H. Michelant (Im 1. Bde. von: Les anc. poètes de la Fr.).
G. d. M. — Girbers de Metz par Jean de Flagy, hrsg. in Rom. Studien I. p. 442–552 von E. Stengel.
G. d. N. — Gui de Nanteuil chanson de geste p. p. M. P. Meyer (Im 6. Bde. von: Les anc. poètes de la Fr.).
G. d. R. — Gérard de Rossillon chanson de geste p. p. Francisque-Michel.
G. d. V. — Aus Gerars de Viane, hrsg. in: Der Roman von Fierabras provenzalisch von Imm. Bekker.
Gfr. — Gaufrey chanson de geste p. p. MM. F. Guessard et P. Chabaille (3. Bd. von: Les anc. poètes de la Fr.).

H. — Aus den Haymonskindern, hrsg. in: Der Roman von Fierabras provenzalisch von Imm. Bekker. = R. d. M.
H. C. — Hugues Capet chanson de geste p. p. M. Le Mis De la Grange (8. Bd. von: Les anc. poètes de la Fr.).
H. d. B. — Huon de Bordeaux chanson de geste p. p. MM. F. Guessard et C. Grandmaison (5. Bd. von: Les anc. poètes de la Fr.).
H. d. M. — Heruis de Mes Manuscrit T, Cop. von Hub.
Horn. — Das anglonormannische Lied vom wackeren Ritter Horn, hrsg. von R. Brede und E. Stengel in: Ausg. u. Abh. VIII.
J. de B. — Jourdains de Blaivies cf. A. et A.
Ks. R. — Karls des Grossen Reise nach Jerusalem und Constantinopel, hrsg. von E. Koschwitz.
L. — Le Livre des Proverbes Français p. p. M. Le Roux de Lincy.
Loh. — Li Romans de Garin Le Loherain p. p. M. P. Paris.
Loh. B. — La Chanson des Loherains Handschrift B, Copie von Stengel.
M. — Macaire chanson de geste p. p. M. F. Guessard (9. Bd. von: Les anc. poètes de la Fr.).
M. d. G. — La Mort de Garin Le Loherain poëme du XIIe siècle p. p. M. Edélestand du Meril.
M. G. — Moniage Guillaume, hrsg. in den Abh. d. I. Cl. d. k. bayr. Ak. d. Wiss. VI. Bd. III. Abth. von Konrad Hofmann.
O. — Otinel chanson de geste p. p. MM. F. Guessard et H. Michelant (Im 1. Bde. von: Les anc. poètes de la Fr.).
P. d'O. — La Prise d'Orange, hrsg. in: Guillaume d'Orange von Jonckbloet.
P. d. P. — La Prise de Pampelune, hrsg. in: Altfranzösische Gedichte aus venetianischen Handschriften von Adolf Mussafia.
P. l. D. — Parise la Duchesse chanson de geste p. p. MM. F. Guessard et L. Larchey (Im 4. Bde. von: Les anc. poètes de la Fr.).
R. — La chanson de Roland p. p. Léon Gautier.
R. d. C. — Li Romans de Raoul de Cambrai et de Bernier p. p. Edw. Le Glay.
R. d. M. — Renaus de Montauban ou les quatre fils Aymon p. p. H. Michelant. = H.
R. d. M (M.). — Aus der Oxforder Renaushandschrift Bodl. 59, hrsg. im Jahrbuch f. rom. Phil. XV. p. 10—32 von J. C. Matthes.
R. d. R. — Le Roman de Ronceveaux p. p. Francisque-Michel.
Rou. — Maistre Wace's Roman de Rou, hrsg. von Hugo Andresen.
Rv. — Romvart. Beiträge zur Kunde mittelalterlicher Dichtung aus italienischen Bibliotheken von Adelbert Keller.
S. — La chanson des Saxons par Jean Bodel p. p. Francisque-Michel.

A.
Zusammenstellung der Sprichwörter.

Als erstes und wichtiges, aus nachstehendem Verzeichnis der Sprichwörter abgeleitetes Resultat ist die Thatsache zu bezeichnen, dass in den altfranzösischen Karlsepen unter Sprichwörtern Sätze oder Satzgefüge verstanden werden, die durch die in ihnen zum Ausdruck gebrachten volkstümlichen Ansichten und Anschauungen zu einer mehr oder minder allgemeinen Verwendung gelangt waren. Die Ausdrücke für Sprichwort sind in den chansons de geste »reprouvier, proverbe, parler« und »respiz«. Zum grösseren Teil erweisen sich die Sprichwörter als solche ausser durch genannte Bezeichnungen durch sie begleitende Wendungen wie »on dist, le vilains dist, vous avez oï dire, ai oï dire« u. a. m. Verhältnismässig am öftesten kehrt von diesen Wendungen der Ausdruck »on dist« oder ein mit ihm in Verbindung stehender wieder und kennzeichnet folgende Sprichwörter:

1. por ce dit on, qui a felon voisin,
par maintes fois en a mavés matin.
>Agl. p. 174a v. 7—8.

Por ce di-je: qui a felon voisin,
Par maintes fois a il mauvès matin.
>A. l. B. p. 3 v. 29—30.

cf. D. A XI. p. 134 no. 178. L. II. p. 380, 459 u. 480. D. II. 131.

2. Nature pert; moult souvant l'a-on dit.
>Loh. I. p. 171 v. 15.

3. Moult vaut uns hons, maintes fois l'a-on dit.
>Loh. II. p. 205 v. 5.

cf. H. C. v. 3379. B. d. B. v. 3293.

4. Mais on le dist souent, c'est uerites
Cil qui bien fait trueue moult d'amiste;
Plus fait .I. hom par debonnirete,
Que ne font .VII. par leur grant cruaute.
A. d. B. p. 5 v. 15—18.

5. Mais on le dist souent en reprovier:
Tex cuide autrui son grant mal porchacier,
Qui sa grant honte fait primes auancier.
A. d. B. p. 7 v. 25—27.

Car tex quide vengier sa honte apertement
Qui le lieue et acroist [c]e avient bien souent.
Gar. d. M. ms. f. 15b v. 2—3.

Mais tex quide trair autrui a escient
Que la traison vient sor li apertement.
Gar. d. M. ms. f. 84a v. 1—2.

Tex quide sa grant honte moult tres bien vengier
Qui le lieue et acroist ch'ai oi tesmoignier.
Gar. d. M. ms. f. 87a v. 15—16.

On dist en reprovier, c'est vérité prouvée,
Tel vuet vengier sa honte qui l'a plus agrevée.
Ant. II. p. 250 v. 19—20.

Mais tel cuide à autrui domage pourcaohier,
Qui voit son grant anoy tout devant aprochier.
B. d. B. v. 5177—78.

cf. Cl. v. 7015—18.

6. Par maintes fois l'ai oi regehir,
Mieus uaut bons nies, ce dist on sans mentir,
Que tel enfant puet on souuent nourir.
A. d. B. p. 54 v. 17—19.

7. Por ce dist on souent en reprouier
Que cil qui maine souuent si fait mestier,
Trop se conuient encontre lui gaitier.
A. d. B. p. 159 v. 4—6.

8. Que on le dist souuent en reprouuier
Puis que li sires laidenge sa moillier
Ou son sergant ou son garcon trotier
L'autre seriant l'en tiennent tuit mains chier.
A. l. Borg. p. 207 v. 23—26.

9. Por ce dit on encore: Ainz venge niez que fis.
A. d'A. v. 2670.

Tos jors l'oï dire: Ainz venge niez que frère.
>> F. d. C. p. 8 v. 5.

10. Il est bien voir, et se l dist-on sovent,
Qui trahison porquiert et antreprent
Qu'il est honiz au darrainement.
>> L. II. p. 497 (Le Moniage Renouart).

cf. A. l. B. p. 18 v. 26. D. d. R. v. 1245. P. v. 6214. G. v. 4322.

11. Ou proverbe dit-on que force paist le pré.
>> S. II. p. 121 v. 4.

cf. E. d. G. v. 2383—84. J. d. B. v. 211. Ch. O. v. 5541.
Gar. d. M. ms. f. 77a v. 3. P. l. D. v. 270. G. v. 2247.
Ant. I. p. 176 v. 5. D. ms. p. 173.

12. Li plais que l'on resoigne vient à bien, ce dist l'on.
>> R. d. M. p. 176 v. 25.

13. Ki cerf cace, cerf prent, pieça ke le dit on.
>> R. d. M. p. 178 v. 19.

ibid. p. 352 v. 12.

14. Car cuers ne puet mentir, pieça que le dit on.
>> R. d. M. p. 195 v. 11.

Car cuers ne puet mentir, quant ce vient au besoing.
>> R. d. M. p. 227 v. 2.

..... Bons cuers ne puet mentir.
>> Loh. B. 8d 10 und 18b 55.

On dist piecha bons cuers ne puet mentir.
>> H. d. M. v. 8128.

Niés, dist Géris, fins cuers ne puet mentir.
>> R. d. C. p. 180 v. 8.

cf. Loh. I. p. 160 v. 11 und II. p. 55 v. 22. A. d'A. v. 2656.
Cl. v. 7814. L. II. p. 251 und 474.

15. Fols est ki fame croit, on l'a dit grant pieça.
>> F. v. 5276.

Dex, dist Géris, glorieus peres rois,
Com par est fox li hom(e) qui feme croit.
>> R. d. C. p. 226 v. 7—8.

Tant par est fox qui mainte fame croit.
>> A. et A. v. 1218.

Fous est qui croit ne dame ne meschine.
>> A. l. B. p. 42 v. 28.

Moult par est fox qui en fame se fie.
>> G. v. 9124.

cf. H. d. M. v. 3262. B. d. B. v. 2097, 4251—52 und 6034—35.
Horn v. 4397—98. Rv. p. 146 v. 14. D. II. 475.

16. Voirement dit on voir souvent en reprochier
Que de grant traïson ne se puet nus gaitier.
Gfr. v. 8862—63.

De traison ne se puet nus garder.
H. d. M. v. 9892. E. O. v. 2601.
A. d. B. p. 128 v. 23.

Nus ne se puet de traïson garder.
J. d. B. v. 214.

Mès hon ne se puet mie de traïson garder.
P. L D. v. 93.

De traïtor ne se puet nus garder.
M. v. 307.

Car de faus traïtour ne se poet nuls garder.
B. d. B. v. 1656.

Nus ne se puet de traison gaitier.
A. d. B. p. 170 v. 19.

Mais j'ai oï tout adès tesmoingnier
De traïson ne se puet nus gaitier.
G. v. 4222—23.

De larron traitor ne se puet nus gaitier.
Gar. d. M. ms. f. 13c v. 2 und 37a v. 30.

17. Et qui conseil refuse, bien avenir voit on
Que souvent en mesquiet, pieçha que le dit on.
Gfr. v. 9239 - 40.

Qui consail ne veult croire, souvent va folliant.
H. C. v. 3138.

cf. B. d. B. v. 5331—32. Cl. v. 8511—14.

18. Mais on dist bien, et c'est vertez prouvée:
Cui dex aïde ce est chose sauvée.
G. v. 8116—17.

Et cui Dieus veut aidier il est savés.
A. v. 671.

Cil cui Diex veut aidier il est trovés.
A. v. 800.

Chil cui Dex vieut aidier n'iert ja honis.
A. v. 2229.

Cui Dieus vaura aidier ja n'ert honi.
A. v. 2276.

Ja n'iert honis cui Diex veut bien aidier.
Loh II. p. 132 v. 15.

Mais qui diex neut aidier ia honis ne sera.
Gar. d. M. ms. f. 101c v. 24.
là n'iert honis qi Diex vaurra aidier.
Ch. O. v. 10140.
cf. L. I. p. 18. D. I. 615 und 635.

19. Voirs est c'on dist, et a on dit piecha,
Que ia nul iour enuie ne morra.
Aub. v. 83—84.
cf. Horn v. 1875 und 2580. D. A. XI. p. 138 no. 217. L. II.
p. 297 und 476. D. II. 171.

20. Voirement dist on voir, par Dieu le droiturier,
Car toudis par nature voit on le quien cachier.
H. C. v. 2825—26.
cf. L. II. p. 352. D. I. 115.

21. Car on dist ung parler en pluseur lieus souvent:
Que moult est ly hons fols et niches ensement
Qui puelt avoir le bien et ainchois le mal prent.
H. C. v. 3300—02.
Mais qui pour le bien prent le mal, il est mechant.
H. v. 687.
cf. L. II. p. 394. Chr. r. v. 3128—29.

22. Mais on dit et c'est voir, on le voit aparant,
Que plus fuit on, bien tost plus le va on cachant.
H. C. v. 3947—48.

23. Car on dist ung parler qui est bien avenant,
Que hayne et amours qui en juge s'espant
Fait à le fois jugier, on le voit aparant,
Sy très hastivement c'on s'en va repentant.
H. C. v. 4277—80.

24. Car on dist un parler que je croy fermement:
Chieux qui à ung preudomme parolle saigement,
On dist qu'il se repose, je le croy fermement.
H. C. v. 4722—24.

25. Car on dist bien souvent ung parler communal:
Que tout ades se doute ly hons qui a fait mal.
H. C. v. 5636—37.

26. Garde ne se donna ly quens, je vous affie,
D'un proverbe c'on dist, point n'i mist s'estudie,
Car le sien anemy par cause deservie
Mainn'on le hart au col bien morir à le fie.
H. C. v. 5892—95.

27. Car on dist un parler souvant en reprouvier:
A destruer son maistre ne poet on gaaignier.
B. d. B. v. 3920—21.

Eine andere Reihe von Sprichwörtern werden als dem vilain specifisch eigen durch die Worte »li vilains dist« von den Autoren hervorgehoben:

28. kar li uilans lo dit en reproner:
ne fu pas fol qui doña bon loer.
Asp. p. 58.
cf. B. d. B. v. 6425.

29. Li vilains dist en reprovier pieça,
S'il est qui fuie, près est quil chacera.
Hist. litt. XXII. p. 311 (Aus Aspremont).
cf. D. A. XI. p. 126 no. 112. L. II. p. 393.

30. que li vilains le dit en ses respis,
le fis au chat doit prendre la souris.
Agl p. 170a.
cf. D. L. 879.

31. En .I. prouerbe li sage vilains dist
Qu'au grant besong voit li hom son amis.
H. d. M. v. 8117—18.
Au grant besoing voit-on bien son amin.
Loh. L p. 53 v. 4.
ibid. II. p. 55 v. 21.
Au grant besoin connoist an son ami.
M. d. G. v. 661.
cf. Loh. B. 18b 55.
Car au besoing voit on qui est amis.
E. O. v. 1256.
cf. Hist. litt. XXIII. p. 584. D. A. XL p. 127 no. 118. Cl. v. 1118. L. Il. p. 232, 468, 473 und 485. D. I. 495.

32. De chou si dist li vilains verités:
Ki le sien pert assés chiet en vieutés;
C'est sans nule dotance.
Alc. v. 2446—48.
cf. L. II. p. 498.

33. Por ce dist noir li uilains en ses dis
Que teis est bien qui porchace son pis.
A. d. B. p. 152 v. 24 — p. 153 v. 1.

34. Li vilains dit souvent en son latin:
Qui donner puet, il a maint bon voisin.
A. L B. p. 38 v. 31—32.

35. Et li vilains le dit en reprovier
la mavès hom n'aura prodome chier.
     L. II. p. 495 (Li Moniages Guillaume).
36. Sire, savez que dient vilain an reprovier?
»Selonc tans, trampéure ne fait à desjugier.«
     S. II. p. 152 v. 18—19.
37. Encor dit le vilain en reprovier, ses gas,
Qu'assez vaut miex .I. tien que .IIII. tu l'auras.
     A. d'A. v. 2864—65.
 cf. D. ms. p. 174. D. A. XI. p. 130 no. 142. Hist. litt. XXIII.
 p. 520 und 594. L. II. p. 350 und 479. D. I. 211.
38. Et li villains le dist el reprovier:
Belle parole fait le fol eslecier.
     R. d. C. p. 294 v. 12—13.
 cf. Zeitschrift f. rom. Phil. IV. p. 421.
39. Mais li vilains le dist, et si est verités:
Tant vet li pot à l'iaue qu'il i est quassez.
     Hist. litt. XXII. p. 703 (Aus Maugis d'Aigremont).
 cf. D. A. XI. p. 129 no. 135. L. I. p. 67, II. p. 483 und 495.
40. Car li vilains le dist et s'est vertés
Que trop vient tost ki mal doit aporter.
     L. II. p. 492 (Aus Roman des Lorrains).
 cf. L. I. p. 262.
41. Mais li vilains dist et note en son latin:
Par felon losengier a-on bien mal matin.
     R. d. R. v. 12917—18.
42. Mais li vilains le dist moult bien en reprover
Que moult a grant discorde entre faire et penser,
Et tiels se ard et bruit qui se cuide chaufer,
Et mieus valt bon taisir que ne fait fol parler.
     D. d. R. v. 151—54.
 cf. F. v. 571 und 2121. Ant. II. p. 176 v. 22. L. II. p. 254,
 320, 347, 349, 351, 424, 465 und 478.
43. Mès o vilain ot on dire en son reprouvier
Que en la fin en ont le miex li droiturier.
     D. d. M. v. 1908—09.
44. Et li vilains le dist piecha ou reprouver
Que tés se cuide bien ensignier et garder
Que de son droit méismes se doit bien encombrer.
     F. v. 493—95.

45. Li vilains bien le dist et si est verités,
Que mieus nous vaut par armes les chiés coupés
Que longement soufrir les grans caitivetés.
Ant. II. p. 222 v. 12—14.

Auf wenige Fälle beschränken sich die Sprichwörter, welche von den in dieser Tabelle zusammengestellten sich insofern sondern, als die mit jenen verknüpften Bemerkungen der Autoren vereinzelt auftreten:

46. En reprouvier dist li preudons tos dis
Qu'il n'est richece ne de uair ne de gris
Ne de riens nule fors que de bons amis.
A. d. B. p. 179 v. 12—14.

N'est par richoise ne de vair ne de gris,
Ne de deniers, de murs, ne de roncins,
Mais est richoise de parins et d'amins.
Loh. II. p. 218 v. 10—12.

47. Icest conseil volons ben otroier:
Mal doit-on faire por le pis abaissier.
Ch. O. v. 8199—200.

cf. Loh. B. 62d 56. H. d. M. v. 3212-13. D. A. XI. p. 136 no. 198. L. II. p. 360.

48. Hom prives mal achate, ce tesmoigne li briés.
S. I. p. 246 v. 5.

cf. L. II. p. 464.

49. Molt remaint que fox panse, molt plusors
gent dit l'ont.
S. II. p. 54 v. 18.

cf. L. I. p. 240 und 242, II. p. 488 und 490.

50. Miex vaut amis en voie, souvent est recordé,
Que denier en corroie, ja vos sera prové.
A. d'A. v. 884—85.

cf. D. A. XI. p. 115 no. 5. L. II. p. 236, 346 und 478.
Lyoner Ysopet v. 845—46. D. I. 504.

51. Car en la fin, ce dist l'autorites,
Vient au desus cil qui fait loiautes.
G. v. 7534—35.

52. Mais I. proverbe en dient li clerson,
Qu'en duel en ville n'a pas comparison;
Quant li uns pleure l'autre rire voit on.
G. v. 8490—92.

53. Mais uns proverbes nos aprent et chastie:
Engiens de fame maint saige home cunchie.
G. v. 8587—88.
54. Chascun n'a c'une mort, pour voir le vous greant.
Gfr. v. 6167.
Chascuns n'a c'une mort à soffrir n'à passer.
cf. L. II. p. 362.
G. d. B. v. 2134.
55. Fille, ce dist la mere, ne vous en quier mentir
On doit bien reculer por le plus loing saillir.
cf. L. II. p. 309.
B. v. 367—68.
56. . . . . . . Chen voit on avenant
Que tout hons qui tot donne le sien en retraiant
Le pert tout en la fin, et si couste en avant.
cf. L. II. p. 255.
D. d. M. v. 6405—07.
57. Mais dreis est e costume que fol folei.
G. d. R. p. 351 v. 22.
cf. D. A. XL p. 117 no. 23. L. I. p. 240.
58. Par me foy, dit Drogons, chils parlers est bien voirs:
On ne prise point gent, on prise leur avoirs.
H. C. v. 2661—62.
59. Et il vaut mieus à l'onme, che dient li pluisour,
A perdre son avoir que perdre son honnour.
B. d. B. v. 5659—60.

Wiederholt findet sich als Einleitung von Sprichwörtern die direkte Anrede an die Zuhörer der chanson »vous avez oï dire«. Es ist mit Ausnahme von G. v. 5566—59, wo das Sprichwort Teil einer Rede ist, bei nachstehenden Sprichwörtern der Fall:

60. Signeur baron, asses l'aves oï,
Cous desarmes ne puet les cox soffrir.
M. d. G. p. 235 v. 14—15.
61. Seigneur baron, asses l'aues oi,
Cil qui bien aime, a tout le sens mari.
A. d. B. p. 58 v. 25—26.
62. Seignor pardoen, asses l'avée oï
Que traïson a maint homme honni,
Et loiauté maint prodome gari.
A. l. B. p. 1 v. 19—21.

63. Bien avés oi dire et as uns et as autres
Qe feme aime tost home qui bien fiert en bataille.
A. v. 5596—97.

64. Kar vos aves sovent oi en reprover
Ke melz vaut en bosoing un bon esquier
E en un grant estur ke un malveis chevalier.
R. d. M. (M.) p. 18 v. 37—39.

65. Sovent avez oï dire et conter
Hom qui guerroie et qui weult rihoter,
Aucune fois li convient comparer.
Vers son seignor fait moult mal estriver.
G. v. 5556—59.
cf. L. I. p. 237.

66. Vos avez bien oï en reprouvier
Qui dou feu a et besoing et mestier,
Que k son doi le doit querre an fouier.
G. v. 8277—79.

Oi lai dire souent en prouuier
Volentiers quiert der feu qui na mestier.
A. l. Borg. p. 233 v. 25—26.
cf. D. A. XI. p. 142 no. 253. L. II. p. 380.

67. Oï avez plusor et li auquant
Que a maint home vient li anuis devant
Quant il plus a lié le cuer et joiant.
G. v. 8330—32.

68. Bien avez oï dire gent letrée et gent laie
Que mal est apensés qui son sens trop declaie;
Sages est qui son sens en aucun bien assaie;
Qui ainsi ne le fait, de son sens fait essaie.
R. d. C. v. 34—37.

69. Bien avez oï dire mainte fois et retraire
Que traïson et murdre couvient k'en la fin paire.
B. v. 1663—64.

Häufig auch lassen die Autoren die rein subjektive Wendung »ai oï dire« Sprichwörter begleiten:

70. oi l'ai dire, et si est avenu:
qui tot covoite, ce avon nos veu,
ne garde l'eure qu'il a tot perdu.
Agl. v. 1107—09.

Que cil qui tot couoite par fol entendement
Tot pert en le fin et nen resçout noient.
Gar. d. M. ms. f. 75c v. 26—27.

cf. D. A. XI. p. 122 no. 69. L. II. p. 274, 407, 466, 462 und 488.

71. OÏ l'ai dire et veritée est-il,
 Que moult est fous qu'eslonge ses amiss,
 Honors né bien ne l'en puet advenir.
Loh. II. p. 98 v. 15—17.

72. OÏ l'ai dire et verité est-il,
 Qui n'a dou vivre mal puet chastel tenir.
Loh. II. p. 209 v. 3—4.

73. OÏ l'ai dire et ce est veritée
 Que par glouton est mains maus arivés.
Loh. II. p. 232 v. 3—4.

74. OÏ l'ai dire, et veritee est-il,
 Jent desarmé ne puet armes sofrir.
M. d. G. v. 4700—01.

75. Li bons se prueue, sovent l'oi conter.
Alc. v. 4884.

76. OÏ l'ai dire, et si est veritée:
 Pais que li leres est de forches ostes,
 Is puis ses aires nen iert de lui amez.
Alc. v. 7545—47.

77. Et si ai oï dire et sovent reprouchier,
 Que por santé doit on mainte pierre vuidier.
Gar. d. M. v. 50—51.
 cf. Gar. d. M. ms. f. 35d v. 26-27.

78. Mès oï l'ai dire en reprouvier:
 Tel quide faire bien à son commencier,
 Qu'en la fin li torne à encombrier.
A. l. B. p. 41 v. 29—30.

79. . . . . ces paroles que ie oi si souuent
 Pouvres hom na ne ami ne parent.
A. l. Borg. p. 229 v. 54 — p. 230 v. 1.

80. Mais j'ai oï piesa dire et conter,
 Que cil cui Dex weult de la mort sauver,
  Nus hom ne li puet nuire.
J. d. B. v. 2898—900.
 Çou que Diex voet aidier nuls ne le poet grever.
Ch. au C. v. 1214.
 cf. D. A. XI. p. 188 no. 167. L. I. p. 18, 19, II. p. 467.
 D. L 685.

81. Mais maintes fois jou l'ai oy conter,
 Et li vilains le dist en reprover:

Ke tel fait-on de poverte escaper
Et en honor essaucier et lever,
Que jà celui puis ne volra amer;
Ains le volroit ançois nuire et grever.
Ch. O. v. 7848—53.

82. Car orgillous doit prendre malvais cief,
Ouy l'ai dire vilain en reprovier.
Ch. O. v. 1264—65.

83. A sages hummes j'ai oï reconter
Hum ne se pot de tut ses mals garder,
Ne um ne pot tus jurs sens joste ester,
Et quant hum quide grant leesce encontrer,
Idunc est li plus près del desturber.
O. v. 902—06.

84. Mes force n'est pas drois, pieça l'ai oï dire.
R. d. M. p. 355 v. 38.
cf. L. II. p. 300.

85. Et je sai bien pieça, bien l'ai oï conter,
Que au besoing puet l'en son ami esprouver.
R. d. M. p. 356 v. 36—37.

Au Noel puet on miols son ami esprover.
R. d. M. p. 64 v. 13.

A la besoigne est amis esprovés.
Alc. v. 2385.

Car au besoing puet li hom esprouver
Qui est amis ne qui le weult amer.
A. et A. v. 2856—57.

Au besoing puet on bien son ami esprouver.
F. v. 221.
cf. Chevalier au Lyon v. 6588—89.

86. Mult l'ai bien oï dire, issi Dex me secore:
Tot jors atant li fols que la tortue corre.
R. d. M. p. 395 v. 23—24.

87. I'ai oï souvent dire en Franche la vaillant
Que .I. jour de respit vaut bien .c. mars d'argent.
Gfr. v. 1818—19.
cf. L. II. p. 431, 483 und 396.

88. Souvent ai oï dire la gent en reprouvier
Que une bonne gueite ne puet nus esproisier:
Chil qui se garde bien nul ne puet engignier.
Gfr. v. 6023—25.

Qui bien se gaite, il n'est mie engignies.
A. d. B. p. 16 v. 8.

89. Tous jors l'ai oï dire souvent et raconter
Que la bonne créanche si fet homme sauver.
Gfr. v. 6188—89.
90. Lors dist ung chevalliers: Dame, c'est verités,
Qui force a, il boute; je l'ay oy asses.
H. C. v. 758—59.
91. Car j'ay bien oy dire, ce sachies sans douter,
Que chou que mieudres donne, on ne doit refuser.
H. C. v. 3306—07.

Ohne Wendungen derart wie sie bei den bishergenannten Sprichwörtern erscheinen, meist selbst nicht durch Bindewörter wie *car*, *mais* u. a. m. an die vorhergehenden Verse geknüpft, sind zahlreiche Sprichwörter in den altfranzösischen Karlsepen zur Verwendung gelangt:

92. Qui son né coupe, il deserte son vis.
Loh I. p. 100 v. 12.
ibid. I. p. 280 v. 16, II. p. 133 v. 4. G. d. M. p. 458 v. 1.
Cil qui tranche son nes, il uergonge sa fache.
E. d. G. v. 1565.
Car qui cope son nés, sa face est despechie.
B. d. B. v. 4094.
cf. Chr. r. v. 9289—90. D. II. 156.

93. Nus avers princes ne puet monter en pris.
Loh. I. p. 239 v. 14. Ch. O. v. 7337.
Nuns avers princes ne puet terre tenir.
Loh II. p. 148 v. 6.

94. Li mort ais mors as mors, li vis voissent as vis.
Loh. I. p. 262 v. 14.
Li mors ais mors, ais mors, li vis as vis.
G. d. M. p. 543 v. 24.
cf. Rou III. v. 238 Chr. r. v. 23256. L. II. p. 228 und 333.

95. Duel sor dolor et joie sor joïr
Ja nuns frans hons nel devroit maintenir.
Loh. I. p. 262 v. 15—16.
cf. Loh. II. p. 45 v. 6—7. M. d. G. v. 1191—92.

96. Tout avenra ce que doit avenir.
Loh. I. p. 262 v. 13.
cf. Loh. II. p. 201 v. 11. Loh. B. 8a 26, 13f 53, 26a 25 und 47e 49. Ch. O. v. 7805.

97. Qui en gieu entre, le gieu doit conaentir.
>Loh. II. p. 158 v. 7.

Qui en geu entre en geu doit contenir
>Loh. B. 23 e 2.

Qui en jeu est, en jeu doit consentir.
>Loh. B. 38 c 15.

Qui est el jeu le jeu doit consentir.
>M. d. G. v. 2570.

cf. D. A. XI. p. 130 no. 146. L. II. 85 und 481. D. ms. p. 172. Jahrbuch VI. p. 177.

98. En grant deul fere n'est nul bien recoupvré.
>Aq. v. 1079.

ibid. v. 1327.

Le doel à fère nuls riens ne valdra.
>A. l. B. p. 123 v. 17.

Ains a duel faire nuns hons gaingnier ne vit.
>G. d. M. p. 495 v. 31.

En grant duel faire ne gist mie santé.
>G. v. 9886.

K'en trop grant duel mener n'a nul recouvrement.
>B. d. C. v. 559.

Car por dol ne puet on nule riens conquester.
>C. d. J. v. 8969.

Quar por grant duel à faire nel peut-on restorer.
>Ant. II. p. 27 v. 9.

cf. B. d. C. p. 331 v. 8. A. l. B. p. 120 v. 12. Rou III. v. 232.

99. De fol et d'ivre se doit l'en bien garder.
>Alc. v. 3834.

cf. L. I. p. 240, II. p. 474 und 490.

100. Teus rit au main au vespre ploerra.
>Alc. v. 8395.

cf. L. II. p. 332, 405, 419, 424 und 483. D. II. 1.

101. De penre char se puet l'en trop chargier.
>C. L. v. 2574.

De povre char se puet-on trop charchier.
>R. d. C. p. 178 v. 3.

102. Avoirs va, avoirs vient; mès amis est confors.
>S. II. p. 156 v. 19.

cf. Aucassin und Nicolete ed. Suchier 24, 57.

103. Contre la mort n'a nus hom garantie.
           J. d. B. v. 3254.
 Encontre mort n'a proesce mestier
 Ne orgoilz n'aventure
           J. d. B. v. 390—91.
  cf. L. II. p. 295. D. II. 458.
104. De mauuais cuer ne puet bontés issir.
         Loh. B. 48f 13 und 54a 32.
 Mais de mauvais cuer vient mauvaise volenté.
            Ch. au C. v. 337.
105. Che fet on par amour, tele en est la mechine.
            G. d. N. v. 430.
  ibid. v. 1454
106. car enfans peu batus pleure trop longuement.
             H. v. 309.
  cf. L. II. p. 342.
107. Un sot soit molt souvent un sage conseiller.
             H. v. 723.
  cf. L. II. p. 244. D. II. 151.
108. Contre aiguillon fait mal eschacirrer.
            G. v. 3200.
  cf. L. II. p 291.
109. Qui une fois a bien, n'a mie toujours mel.
          R. d. M. p. 304 v. 2.
  cf. L. II. p. 408.
110. Qui ce fait que il puet on ne le doit blasmer.
           G. d. B. v. 799.
  cf. L. II. p. 392.
111. Mesager ne doit bien oïr ne mal avoir.
           G. d. B. v. 2117.
  cf. L. II. p. 478.
 Mesagers ne doit bien oïr ne mal donner.
           G. d. B. v. 2156.
 Nus mesagiers ne doit mal oïr ne trover.
          R. d. M. p. 153 v. 20.
 Nus mesage ne doit mal oïr n'escouter.
          R. d. M. p. 153 v. 38.
  cf. H. d. M. v. 6823. L. II. p. 345, 346 und 478.

112. Mais fruis que ne méure se nature desment.
   H. C. v. 566.
   cf. L. II. p. 477
113. ..... Deables qui ne dort.
   B. d. B. v. 796.
   cf. L. I. p. 13.

Zusammenstellung von altfranzösischen Karlsepen entnommenen Stellen, welche Sprichwörter zu sein seheinen.

A. — Signor, ohe savés vous que c'est vertés:
Li oiseus deboinaires del bos ramés,
Il meismes s'afaite, bien le savés.
   v. 254—56.

Poverte si fait home molt angoisous.
   v. 2031.

Poverte si fait traire maint home en sus.
   v. 2078.

Que li hom qui plus tenohe plus est honis.
   v. 2764 und 2796.

Qui a preudome sert, tous est garis.
   v. 3796.

Qui consel ne vieut croire bien doit estre honis.
cf. A. v. 6741.   v. 4706.

Miex vaut uns boins fuirs que melement esrer.
   v. 5517.

cf. Gar. d. M. ms. f. 18b v. 4. und 110c v. 47. D. L 195 und 196.

Qui consel ne vieut croire bien doit prendre mal cief.
   v. 6741.
cf. A. v. 4706.

Poverte si fait faire a home maint meskief.
   v. 7068.

Poverte fait a home son corage muer.
   v. 7112.

Teus se peut ore faire baus et liés et seurs
Qui en sera encore par la goule pendus.
   v. 8576—77.

cf. A. v. 8589—90. B. d. B. v. 4091—92. D. d. M. v. 2002—03.
Loh. I. p. 204 v. 11.

Tens ne peut ore faire baus et joians et liés
Qui en sera encore corechous et iriés.
v. 8589—90.
cf. A. v. 6576—77. B. d. B. v. 4091—92. D. d. M. v. 2002—03.
Loh. 1. p. 204 v. 11.

A. d'A. — Li corages de fame si est vains et legiers.
v. 1148.
cf. Aub. v. 1452—54. G. v. 8300—01. S. II. p. 18 v. 7.
Horn v. 683 und 1015—16. L. 11. p. 490. D. I. 98

A. d. B. — Diauble sont en home qui sens n'a.
p. 12 v. 16.

Que losengier font maint home airer.
p. 42 v. 24.

Qui a mesfait amender doit auant.
p. 82 v. 3.
cf. H. C. v. 4168.
Moult par est fox, qui son ami n'a chier.
p. 113 v. 22.

Moult vaut mieus poi auoir et bons amis
Que grant auoir et conquerre anemis.
p. 126 v. 10—11.

Annui et hont doit on bien eschiuer.
p. 126 v. 25.

D'ome desué se doit on bien gaitier.
p. 130 v. 23.

Par femme sont maint home abatu.
p. 159 v. 14.
cf. A. l. B. p. 42 v. 4.
Car couoitise fait maint home finer.
p. 215 v. 19.

A. l. B. — Qui traïst homme, bien doit estre honnis.
p. 18 v. 26.
cf. D. d. R. v. 1245. F. v. 6214. G. v. 4322.
Vérités est, sil dist li Rois David,
Qui joie mainne, d'onor est replani.
p. 40 v. 8—9.

Par fame sont maint home deceu.
p. 42 v. 4.
cf. A. d. B. p. 159 v. 14.

De biau servise est on souvent mal gré.
p. 49 v. 13.

Alc. — Fols est por dras qui tient home en viltez,
Quar tiex est riches cui chiet en povretez,
Et tex est povres à cui Dex done asses.
v. 6696—98.

cf. Alc. v. 8393—94.
Teus a perdu ki regaaignera,
Et teus est povres qui riches devenra.
v. 8393—94.

cf. Alc. v. 6696-94.

Ant. — Qui plus crient mort que honte n'a droit de seignorie.
II. p. 207 v. 11.

Bien doit li uns à l'autre avoir grant amisté.
II. p. 226 v. 12.

Asp. — consil d'enfant si retorne à niant.
p. 42.

cf. B. d. C. p. 153 v. 14.
de maluas home ia ni ert buen repar.
p. 72.

Aub. — Chou qui fait est ne puet estre autrement.
v. 313.

Dame, dist il, par diu, tost sont mué
Tout li corage de feme et li pensé,
De pleurs, de ris ont les dames assés.
v. 1452—54.

cf. A. d'A. v. 1148—49. G. v. 8300—01. S. II. p. 18 v. 7.
Horn v. 683 und 1015—16. L. II. p. 490. D. I. 98.

B. — Car nus ne vient à vie ne couviengne finer.
v. 84.

Voirs est que on arrée tele chose à la fie
Que, s'on l' avoit juré, nel desferoit on mie.
v. 1482—83.

Car Diex fait maintes fois droit à droit revenir.
v. 1559.

Qui traïson pourchace, drois est qu'il s'en repente.
v. 2299.

B. d. B. — Car selonc ce c'on fait est desserte paIe.
v. 498.

Mais li hons ne parfait tout ce qu'il entreprent.
v. 2360.

Car li bons coureciés fait souvent tel mehain
De coi il se repent durement l'endemain.
                                                        v. 3861—62.
Tels est ore joians et mainne chiere lie.
Qui ne verra demain en santé la complie.
                                                        v. 4091—92.
cf. A. v. 8576—77 und 8589—90. D. d. M. v. 2002—03.
Loh. I. p. 204 v. 11.
Che que la truie fait, les pourchiaus demand'on.
                                                        v. 5355.
cf. L. I. p. 204. D. II. 283.
Mieus vaut folie faite que faire à le durée.
                                                        v. 5655.
cf. L. II. p. 278.

B. d. C. — Que cil est fins honnis qui mauvaistié fera.
                                                        v. 3630.
Miex vaut mors à honneur que ne fait honteus vis.
                                                        v. 499.
cf. E. O. v. 2923—24. R. d. M. p 181 v. 16. Cl v. 8557—58.
D. I. 179.

Ch. au C. — Et le fol parle moult, on le voit moult souvent.
                                                        v. 226.
D'ivre et de fol se fait mauvais ensonnyer.
                                                        v. 1355.

C. d. J. — Car qui est coveteus, sovent i a hontage.
                                                        v. 6545.
Qui son cors puet garir fait a bone lechon.
                                                        v. 8678.
cf. R. d. M. p. 180 v. 18.

Ch. d. N. — La léauté doit-l'en toz jorz amer.
                                                        v. 443.

Ch. O. — Mais en poi d'ore puet Dex son home aidier.
                                                        v. 173.
cf. L. l. p. 17, 20, II. p. 475 und 489. Floire et Blancheflor.
  ed. Édélestand du Méril p. 58 v. 5. Hist litt XXIII. p. 358.
Car à la mort n'a nus recuvremant.
                                                        v. 491.
cf. E. O. v. 821.
Hum ne puet mie autrui cuer enprunter.
                                                        v. 906.
of. E. O. v. 1357.

Si va de guerre, qui le velt démener;
Car hom i pert et regaaingne assés.
v. 1403—04.

cf. E. O. v. 1942-44. Rou. II. v. 3212—13, III. v. 9079—80
und 11212. Hist. litt. XXIII. p. 351.
Cil qui tort a se doit humilier.
v. 9445.

C. V. — Bone est la fuie dont li cors est mauves.
v. 39.

D. d. M. — Poy doit avoir d'esmai qui Dex veut conseillier,
Et li hons que Dex het se doit moult esmaier.
v. 1902—03.

cf. D. d. M. v. 6689.
Se avenir i peut, jel vous di vraiement
Que tex en est or liés, qui il fera dolent.
v. 2002—03.

cf. A. v. 8576—77 und 8589—90. B. d. B. v. 4091—92.
Loh. I. p. 204 v. 11.
Qui Dex aime de cuer ne se doit esmaier.
v. 6689.

cf. D. d. M. v. 1902—03.
Nus traître ne peut pas vivre longuement
Et, se il longues vit, che est honteusement.
v. 7749—50.

Qui à bon segnor sert, je vous di sans faintie,
Bon guerredon en a, de chen ne doutés mie.
v. 10483—84.

cf. L. II. p. 100.

D. d. R. — Kar traitour au darain averont mal dehe.
v. 1245.

cf. A. l. B. p. 18 v. 26. F. v. 6214. G. v. 4322.

E. d. G. — Mout est faus gentiex hom qui en laron se fie.
v. 1302.

E. O. — A vie perdre n'a nul recuvrement.
v. 821.

Raisons vaut miex c'outrage, ce m'est vis.
v. 1245.

On ne puet mie autrui cuer enprunter.
v. 1357.

cf. Ch. O. v. 906.

Si va de guerre, ce sachies vraiement,
L'une fois lié et à l'autre dolent,
Et si pert on et gaaigne on souvent.
            v. 1942—44.

cf. Ch. O. v. 1403—04. Rou. II. v. 3212—13, III. v. 9079
und 11212. Hist. litt. XXIII. p. 351.

Miex vaut hom mors et preudons apelés,
Que ne fait vis qui est deshonnorés.
            v. 2923—24.

cf B. d. C. v. 499. R. d. M. p. 161 v. 16. Cl. v. 8557—58.
D. I. 179.

Par mal conseil est mains preudons grevés.
            v. 4170.

cf. L. II. p. 366.

A .u. mos vueil dire .1. certain sermon:
Cil qui n'amende en point et en saison,
En son vivant, la soie mesprison,
Tenir s'en puet trop à tart pour bricon.
            v. 7750—53.

Car de vilain vilain conseil a on.
            v. 7774.

cf. D. L. 149.

Car en perece n'a riens fors mauvaisté.
            v. 7809.

F. — Se li peres est maus, le fix vaut pis assés.
            v. 18.

Ki va une viés voie souvent est meserrés.
            v. 3011.

Que .1. mauvais puet bien .u. vaillans empirier.
            v. 3284.

Tous jours vont traïtours à male destinée.
            v. 6214.

cf. A. l. B. p. 18 v. 26. D. d. R. v. 1245. G. v. 4322.

F. d. C. — Molt doit hom bien son enemi doter:
Puisqu'on est mort, n'i a nul recouvrer.
            p. 48 v. 16—17.

Fl. — Fanme sont mult voidouses et plenes de maul art.
            v. 1502.

G. — Mains gentix hon est à tort encorpes.
            v. 384.

Car loiautez tout adez vaintera.
Ja traïsons contre pooir n'aura.
v. 1594—95.

Soit drois, soit tors, s'ai ol tesmoingnier:
Doit li hons liges son droit seignor aidier.
v. 3063—64.

Traïtres est en la parfin honnis.
v. 4322.

cf. A. l. B. p. 18 v. 26. D. d. R. v. 1245. F. v. 6214.
Fol fait promaitre ce c'on ne puet tenir.
v. 5109.

Hom convoitouz fait mainte mesprison
Là ou ne seit droiture ne raison.
v. 5306—07.

Car tout paraige passe la loiautez.
v. 5376.

Hom orgoilloz ne puet longues durer.
v. 5565.

Fame qui prie si fait grant desverie.
v. 8268.

Et cuer de fame resont mais si legier
C'on ne se puet en elles affier.
v. 8300—01.

cf. A. d'A. v. 1148. Aub. v. 1452—54. S. II. p. 18 v. 7.
Horn v. 683 und 1015—16. L. II. 490. D. I. 98.
Contre voisouz convient estudier.
v. 8324.

Hom sans mesure est moult tost encombrez.
v. 8423.

cf. R. d. C. p. 87 v. 9.
Hom, puis qu'il ainme, est auques aweuglez.
v. 8442.

cf. C. de Méry Hist. générale des Prov. II. 283. Chev. au
Lyon v. 6051.
Car fame seit très bien home agaitier.
v. 8824.

Gar. d. M. ms. — Car larron ne doit on espargnier de noient.
f. 11c v. 12.

Moult fait mellor fuir que maluais encachier.
f. 18b v. 4.

cf. Gar. d. M. ms. f. 110c v. 17. A. v. 5517. D. I. 195 und 196·
Qui faut a son segnor quant il mestier en a
Au ior de iugement diex li reprouera.
              f. 36d v. 14—15.
cf. Gar. de M. ms. f. 70c v. 11—12 und f. 86b v. 11—12.
Tex quide bien acroistre s'onor moult durement
Qu'il l'abasse et decroist moult tres vilainement.
              f. 75c v. 19—20.
Bien doit auoir le mal cil qui deserui la.
              f. 77d v. 15.

G. d. M. — Son droit signor ne doit on mie faillir.
              p. 527 v. 13.
cf. Loh. II. p. 95 v. 3. Horn v. 5061.

G. d. R. — Nus ne vole si haut, se velt son fendre,
Que il nel face aval bien bas descendre.
              p. 330 v. 7.

G. d. V. — Par malvais home est prudom encombré.
              v. 376.
cf. L. II. p. 367.

H. — cil qui ne pardonna, pardon ne puist trouver.
              v. 713.

H. C. — Car par servir les bons est .i. hons chier tenus.
              v. 316.

Qui ne se fait douter, on ne tient riens de ly.
              v. 740.

Et sans n'est mie bons qui nature desment.
              v. 2538.

Mais orguels nous aprent à dire fauls latin.
              v. 2878.

Car bon fait amender quant on se est mespris.
              v. 4168.
cf. A. d. B. p. 82 v. 3.
Tels se cuide vengier qu'à le fois est honnis.
              v. 4309.

H. d. B. — Car de preudomme puet venir tous li biens.
              v. 408.

Qui velt edier, desconfis ne puet estre.
              v. 2637.

Hons qui a guerre ne doit pas sejorner.
              v. 7970.
cf. Loh. I. p. 183 v. 12 und II. p. 198 v. 4.

H. d. M. —	Mais pouertes fait maint honme auillier.	v. 4282.
	Dame, au bien faire se doit on atorner,	
	Qui n'a mesfait il ne set c'amender,	
	Qui merci quiert il doit merci trouer.	v. 5466—68.
	Mais gentis cuers ne se doit ia vanter.	v. 5587.
J. d. B. —	Aprez grant perde repuet l'an gaaingnier.	v. 1343.
	Mais nus ne puet trespasser son termine.	v. 3236.
	Qui felon sert, moult fait felon labor.	v. 3868.
	cf. Loh. B. 54a 41.	
Ks. R. —	Envers humilitet se deit hoem bien enfraindre.	v. 789.
Loh. —	Qui bien guerroie, ne l'estuet pas dormir.	I. p. 183 v. 12.
	cf. H. d. B. v. 7970. Loh II. p. 198 v. 4.	
	Tex en est liés qui encor iert maris.	I. p. 204 v. 11.
	cf. A. v. 8576—77 und 8589—90. B. d. B. v. 4091—92.	
	D. d. M. v. 2002—03.	
	Son droit signor ne doit-on point falir.	II. p. 95 v. 3.
	cf. G. d. M. p. 527 v. 13. Horn 5061.	
	Hons qui guerroie ne doit mie dormir	II. p. 198 v. 4.
	cf. H. d. B. v. 7970. Loh. I. p 183 v. 12.	
Loh. B. —	... a mal faire puet on trop tost venir.	32c 53.
	De sa nature ne se puet nus tenir.	46f 21.
	Qui caitif sert, caitif loier atant.	54a 41.
	cf. J. d. B. v 3868.	
	Cascuns arbres retrait a son rais.	66e 9.
M. —	Que tés se cuide et vendre et eschangier	
	Qui à la fin le compere moult chier	v. 2948—49.

M. G. — Qui bordes croit et losangiers, sovent
Au chief de tor, par mon chief, s'en repent.
p. 621 v. 20—21.

O. — Fort sunt et fier li glouton losengier.
v. 1698.

cf. Rv. p. 173. v. 4.

P. d. P. — Car l'onour doit avoir qui le seit gaaignier.
v. 232.

Che en la fin se loe l'ome selong le suen labour.
v. 1519.

R. — Cunseill n'est prus dunt hum soūrtet n'ait.
v. 604.

Mielz valt mesure que ne fait estultie.
v. 1725.

Ki traïst hume, sei ocit e altrui.
v. 3959.

B. d. C. — Hom sans mesure est moult tost empiriés.
p. 87 v. 9.

cf. G. v. 8423.
Fox est li hom qui croit concel d'enffans.
p. 153 v. 14.

cf. Asp. p. 42.
Il fait malvais joer a viel chael.
p. 183 v. 8.

Et tex hom quide sa grant honte vengier
Qui tot esmuet .i. mortel encombrier.
p. 190 v. 1—2.

N'est si grans duels ne convaingne laissier.
p. 331 v. 6.

R. d. M. — Bien doit morir à honte hom qui fait traïson.
p. 179 v. 25.

Ki son cors puet garir, c'est bele raençons.
p. 180 v. 18.

cf. C. d. J. v. 8678.
Miex vaut morir à honor que vivre à deshonor.
p. 181 v. 16.

cf. B. d. C. v. 499. E. O. v. 2923—24. Cl. v. 8557—58.
D. l. 179.

R. d. R. — Assez est fox qui a despoirement.
v. 9664.

cf. Chr. r. v. 6803.
Ja saves-vos, bele gent seingnorie,
Qu' à .11. seignors ne puet-on servir mie.
v. 11454—55.
cf. L. I. p. 99. D. II. 751.

8. — N'est pas bons marcheans qi plus pert que gaaigne.
Tex alume le feu n'a pooir q'il l'estaigne.
I. p. 62 v. 17— p. 63 v. 1.
Qar ancontre voiseus covient estre recuit.
I. p. 157 v. 1.
Molt est fame muable tos jors an son termine.
II. p. 18 v. 7.
cf A. d'A. v. 1148. Aub. v. 1452—54. G. v. 8300—01. Horn
v. 683 und 1015—16. L. II. 490. D. I. 98.
Costume est de traïte: ce que redote aplaigne,
Qant au mal pas le voit, tart li est q'il l'ampaigne.
II. p. 101 v. 10—11.
Nuls n'eschape à la mort.
II. p. 128 v. 8.

B.
Form, Sprache und Inhalt der Sprichwörter.

Länge der Sprichwörter.

Nach der Verschiedenheit in ihrer Länge scheiden sich die Sprichwörter der altfranzösischen Karlsepen in vier Gruppen. Die erste derselben umschliesst die Sprichwörter, welche einen Teil eines Verses bilden; der zweiten Classe gehören solche an, welche einen vollen Vers umfassen; in die dritte Gruppe sind alle die zu stellen, welche aus zwei oder mehr vollen Versen bestehen; in die letzte Classe reihen sich die Sprichwörter, welche mit Unterbrechungen meist zwei Versen angehören. Eine Übersicht der nach diesem Einteilungsprinzipe geordneten Sprichwörter giebt die nachstehende Tabelle.

Erste Gruppe.

Sprichwort 2, 3, 9, 11, 12, 13, 14 (R. d. M. p. 195 v. 11. Loh. B. 8d 10 und 18b 55. H. d. M. v. 8128 R. d. C. p. 180 v. 8. Loh. I. p. 160 v. 11 und II. p. 55 v. 22 A. d'A. v. 2656, 15 (F. v. 5276), 48, 49, 54 (Gfr. v. 6168), 57, 75, 84, 90, 102 und 113.

Zweite Gruppe.

Sprichwort 5 (Ant. II. p. 250 v. 19—20), 14 (R. d. M. p. 237 v. 2), 15 (R. d. C. p. 226 v. 7—8. A. et A. v. 1218. A. l. B. p. 42 v. 28. G. v. 9124), 16, 17 (H. C. v. 3138), 18, 19, 20, 21 (H. v. 687), 22, 25, 27—43, 47, 53, 54 (G. d. B. v. 2134), 55, 58, 60, 61, 63, 66 (A. l. Borg. p. 239 v. 25—26), 69, 72, 73, 74, 77, 79, 80 (Ch. au C. v. 1214), 82, 85 (R. d. M. p. 356 v. 36—37 und p. 64 v. 13. Alc. v. 2385. F. v. 211), 86, 87, 88 (A. d. B. p. 16 v. 8), 89, 91, 94, 96, 97—101, 103 (J. d. B. v. 3254), 104—112.

Dritte Gruppe.

a) Sprichwörter aus zwei Versen bestehend: 5 (A. d. B. p. 7 v. 25—27. B. d. B. v. 5177—78. Gar. d. M. ms. f. 15b v. 2—3 und 84a v. 1-2), 7, 10, 21 (H. C. v. 3300—02), 26, 44, 45, 46 (A. d. B. p. 179 v. 12—14), 52, 56, 62, 64, 66 (G. v. 8277—79), 67, 70 (Gar. d. M. ms. f. 75c v. 26—27), 71, 76, 78, 85 (A. et A. v. 2856—57), 88 (Gfr. v. 6023—25) und 95.

b) Sprichwörter aus drei oder vier Versen bestehend: 4, 8, 46 (Loh. II. p. 218 v. 10—12), 65, 68, 81 und 83.

Vierte Gruppe.

Sprichwort 1, 5 (Gar. d. M. ms. f. 15b v. 2—3 und 87a v. 15—16), 6, 17 (Gfr. v. 9239—40), 23, 24, 50, 51, 59, 70 (Agl. v. 1107—09), 80 und 103 (J. d. B. v. 390—91).

Aus dieser Gruppirung ist ersichtlich, dass von den Sprichwörtern der altfranzösischen Karlsepen die bei weitem zahlreichsten einen vollen Vers bilden. Am niedrigsten stellt sich die Zahl der Sprichwörter in der dritten Gruppe b. Dieser Umstand legt die Frage nahe, ob etwa Sprichwort 8, 81, 83 sowie ferner 23 in kürzerer Form üblich gewesen ist, und ob die Sprichwörter 4, 65 und 68 ausser Sprichwort von den Autoren hinzugefügtes Beiwerk enthalten. Zu bemerken ist ferner die Thatsache, dass die Sprichwörter des vilain mit Ausnahme von Sprichwort 44, 45 und 81 stets einen Vers umfassen.

Das Princip obiger Rubricirung erklärt es, dass die Varianten einiger Sprichwörter nicht ein und derselben Classe angehören. Es ist dies der Fall bei Sprichwort 5, 14, 15, 17, 21, 46, 54, 66, 70, 80, 85 und 103.

Varianten der Sprichwörter.

Es ist bekannt, dass Sprichwörter nicht immer in der Form wie sie der Volksmund gebildet hat auch in dichterischen Schöpfungen auftreten. Dafür zeugt auch eine Reihe von

Sprichwörtern der altfranzösischen Karlsepen. Unter Zugrundelegung der in geringer Anzahl vorhandenen Fälle, in welchen mit Sicherheit nach dem vorliegenden Material der Beweis geliefert werden kann, dass die Version eines Sprichwortes thatsächlich eine dem Volksmunde ungeläufige war, lässt sich zunächst behaupten, dass die Autoren meist insofern von dem ursprünglichen Wortlaut der Sprichwörter abgewichen sind, als sie denselben Zusätze gaben. Als derartige Veränderungen sind anzusehen in Sprichwort 1 die Worte »par maintes fois,« in 14 (R. d. M. p. 227 v. 2) »quant ce vient au besoing«, in 14 (R. d. C. p. 180 v. 8) »fins«, in 14 (Loh. B. 8 d 10, 18 b 55 H. d. M. v. 8218) »bons«, in 16 (Gfr. v. 8862—63) »grant«, in 16 (B. d. B. v. 1656) »faus«, in 16 (Gar. d. M. ms f. 13c v. 2 und 73a v. 30) »larron«, in 42 (D. d. R. v. 153) »et bruit«, in 48 »hom«, in 79 »ne parent« und in 87 »d'argent«. Sprichwort 66 (G. v. 8277—79) reiht sich diesen Fällen in gewissem Sinne an, indem es den Ausdruck »besoing et mestier« an Stelle von »besoing« oder »mestier« enthält. Die Verbreiterung von Sprichwörtern hat eine Änderung der ursprünglichen Satzconstruction zur Folge gehabt in Sprichwort 70 und 85 (A. et A. v. 2856—57).

Auf eine zweite Art gestalteten die Autoren Sprichwörter um, indem sie Wörter oder Ausdrücke durch andere ersetzten. Beispiele dieser Art der Veränderung liegen vor in Sprichwort 37, 42 (F. v. 571), 80, 85 (R. d. M. p. 64 v. 13) und 100. In Sprichwort 37 ist die Zahl »deus« durch »quatre« ersetzt; für »bon taisir, taire« oder »se taire« bringt 42 (F. v. 571) »mesure à dire«; 80 umschreibt das Verbum »aider« durch den Ausdruck »de la mort sauver«; 85 (R. d. M. p. 64 v. 13) zeigt für »besoing« das Wort »Noel«; 100 endlich weist die Futurform »ploerra« an Stelle der Praesensform »pleure« auf.

Selten findet sich eine dritte Art der Veränderung von Sprichwörtern vor, die daraus besteht, dass der ursprüngliche Wortlaut Letzterer verkürzt worden ist. Als Fälle dieser Art dürfen gelten Sprichwort 19, 49 und 57.

Die Gründe, welche die Autoren zur Wort- und Sinnveränderung von Sprichwörtern bewogen haben, mögen verschiedener Art gewesen sein. In Rücksicht auf das Versmass scheint Sprichwort 1, 14 (Loh. B. 8d 10, 18b 55, H. d., M. v. 8128. R. d. C. p. 180 v. 8. R. d. M. p. 227 v. 2), 16 (Gfr. v. 8862—63 P. l. D. v. 93. Gar. d. M. ms. f. 13c v. 2 und 73a v. 30. B. d. B. v. 1656), 37, 42, 48, 49, 70 und 80 (J. d. B. v. 2898—900), in Rücksicht auf das Versmass und auf die Assonanz oder den Reim 57, 66 (G. v. 8277—79), 79, 87 und 100 Veränderung erfahren zu haben. Der Ersatz des Wortes »besoing« durch »Noel« in 85 (R. d. M. p. 64 v. 13) dürfte aus dem Inhalte der dieser Stelle vorangehenden Verse zu erklären sein. In vielen Fällen darf wohl angenommen werden, dass die Autoren Sprichwörter willkürlich umgestaltet haben.

Verschwindend klein ist die Anzahl der Sprichwörter, von denen an dieser Stelle bewiesen werden kann, dass sie die chansons de geste in der Fassung wiedergeben, welche ihnen im Munde des Volkes eigen war. Ausser Sprichwort 11, 50, 84 und 109 sind denselben vielleicht beizuzählen Sprichwort 13, 14 (Loh. I. p. 160 v. 11 und II. p. 55 v. 22. R. d. M. p. 195 v. 11. A. d'A. v. 2656), 16 (H. d. M. v. 9892. A. d. B. p. 128 v. 23. E. O. v. 2601), 96 (Loh. B. 8a 26, 13f 53, 26a 25 und 47e 49. Ch. O. v. 7805) und 105.

Reim und Alliteration der Sprichwörter.

In Folge Mangels an ausreichenden Belegstellen kann an dieser Stelle die Beantwortung der Frage nach Anwendung von Reim und Alliteration in den Sprichwörtern der altfranzösischen Karlsepen nur mit den folgenden wenigen Bemerkungen eingeleitet werden.

Zahlreichen Sprichwörtern, die meist nicht über einen Vers hinausgehen, ist der Reim fremd. Zu diesen gehören z. B. 11, 13, 14, 15, 16, 19, 20, 29, 37, 38, 39, 42, 47, 48, 49, 54, 55, 57, 79, 84, 85, 87, 92, 93, 94, 96—102 und 104—112. Erhalten ist der ursprüngliche Reim in Sprichwort 1 und 50, allem Anschein nach auch in 21. Ursprünglicher Reim scheint geschwunden zu sein in 103. Vom Autor hingegen erst mit Reim versehen sind die Sprichwörter 66 (G. v. 8277-79) und 85 (A. et A. v. 2856—57).

In gleicher Weise wie die Anwendung des Reimes lässt sich auch die Alliteration nur in einer geringen Anzahl von Sprichwörtern der altfranzösischen Karlsepen nachweisen. Diese Fälle sind Sprichwort 15, 93 (Loh. I. p. 239 v. 14 Ch. O. v. 7337.) und 107. Den genannten Stellen schliessen sich eng an Sprichwort 13, 94—97 und 102. Eingeschränkt ist ursprüngliche Alliteration in Sprichwort 1. Ob endlich Sprichwörter wie 11, 41 u. a. m. an dieser Stelle Erwähnung verdienen, erscheint zum Mindesten zweifelhaft.

Bilder der Sprichwörter.

Bildliche Darstellung zur Einkleidung von Wahrheiten und Lehren lieben die Sprichwörter der altfranzösischen Karlsepen. Manichfachen Quellen ist der Bilderreichtum entnommen, vorzugsweise aber dem menschlichen Leben. So wird z. B. auf das Feuer Bezug genommen in Sprichwort 42 (D. d. R. v. 153) und 66, auf den Freigiebigen in 28 und 34, den Galgen in 26 und 76, das Kaufen in 48, das geschlagene Kind in 106, den Krieg in 55, 64 und 90, Lachen und Weinen in 100, die Nase in 92, den Schlechten in 1 und 41, das Spiel in 97, das Vergnügen in 12 und das Weihnachtsfest in 85 (R. d. M. p. 64 v. 13).

An Namen aus der Thierwelt knüpft das Bildliche an, und zwar geschieht Erwähnung des Hirsches in Sprichwort 13, des Hundes in 20, der Katze in 30, der Schildkröte in 86.

Den beiden übrigen Naturreichen ist entnommen das Bild der nicht reifenden Frucht in Sprichwort 112, des Stachels in 108, des Steines in 77.

Von Geräten und Gerätschaften dient zum Gegenstande eines Bildes die Scheere in Sprichwort 11, der Topf in 39.

Der Wert einer Sache wird versinnbildlicht mit Bezugnahme auf Geld und Geldeswert in Sprichwort 50, 87 und 46.

Als allegorische Sprichwörter kann eine kleine Anzahl von Stellen bezeichnet werden, da sie Personificationen von abstrakten Begriffen aufweisen. Personificirt wird der gute Charakter eines Menschen in Sprichwort 14, Hass und Liebe in 23, der Neid in 19, der Tod in 103 (J. d. B. v. 390—91). Des Teufels wird in Sprichwort 113 Erwähnung gethan.

Eine Mittelstufe vom rein Bildlichen zur nackten Wahrheit bildet die auf Vorstellungen sinnlicher Gegenstände nicht Bezug nehmende Ausdrucksweise einer grösseren Anzahl Sprichwörter. Zu dieser Gruppe sind zu rechnen vor Allem Sprichwort 5, 21, 24, 32, 33, 38, 42 (D. d. R. v. 152. Ant. II. p. 176 v. 22), 43, 44, 47, 49, 53, 67—70, 78, 80, 81, 83, 84, 88, 89, 94, 95, 98, 102, 104, 105, 107 und 109.

Ohne Rückhalt, jede Bildlichkeit vermeidend, wird Lebensweisheit ausgesprochen in der Mehrzahl der bisher nicht erwähnten Sprichwörter. Ihre Ausdrucksweise lässt sich am besten erkennen an Sprichwort 15—17, 25, 31, 35, 42 (D. d. R. v. 152. F. v. 571 und 2121), 54, 56—61, 63, 65, 71, 73, 74, 75, 79, 82, 85, 91, 93, 96, 110 und 111.

Inhalt der Sprichwörter.

Der Inhalt der in den chansons de geste sich vorfindenden Sprichwörter steht notwendigerweise mit der Denk- und Handlungsart des mittelalterlichen Frankreichs im Einklang. Es kann daher nicht Wunder nehmen, dass die Sprichwörter, welche in die aus einer kriegerischen Zeit stammenden Karlsepen aufgenommen worden sind, oft Bezug nehmen auf Krieg, Gewalt, Verrat, Treue und Gottes Beistand. Die leitenden Gedanken, welche die Epen durchziehen, finden oft in Sprichwörtern ihren Ausdruck, welche aus diesem Grunde als epische Sprichwörter bezeichnet werden könnten. Von denselben beziehen sich Sprichwort 18, 80 und 89 auf Errettung aus Noth; 4, 31, 46, 50, 71, 79, 85 auf Freundschaft und Treue; auf Gefangenschaft 45; auf Manneswert 3; auf Verrat und Verräter 10, 16, 27, 62 und 69.

Von den übrigen Sprichwörtern, welche die Scheidemünze im Austausch der Gedanken und Meinungen des Volkes gewesen sein mögen, hat zum Gegenstande Sprichwort 87 den Aufschub; 97 die Beharrlichkeit; 59 die Ehre; 2, 20 und 30 die Erblichkeit des Charakters; 7 die Eifersucht; 12 die Entsagung; 13, 39 und 92 die Folgen von Handlungen; 15, 53 und 63 die Frau; 28, 34, 56 und 91 Geben und Nehmen; 77 die Gesundheit; 11, 84 und 90 die Gewalt; 70 und 93 den Habsüchtigen; 32, 37, 58 und 102 Hab und Gut; 8 das Hausgesinde; 26 die Hinterlist; 22, 29, 60, 64, 65, 72, 74 und 111 den Krieg; 61 und 105 die Liebe; 36 die Mässigung; 55 scheinbare Nachgiebigkeit; 19 den Neid; 42 (D. d. R. v. 152 Ant. II. p. 176 v. 22) Plan und Ausführung; 14, 24, 43, 51 und 75 den Rechtschaffenen; 3 die Reue; 1, 35, 41, 73, 104 und 112 den Schlechten; 422 (D. d. R. v. 154. F. v. 571 und 2121) Schweigen und Reden; 66 die Selbsthilfe; 82 den Stolzen; 110 Tadel; 17, 21, 38, 49, 57, 86, 99 und 107 den Thörichten; 54, 94 und 103 den Tod; 52, 95 und 98 die Traurigkeit; 5, 42 (D. d. R. v. 153), 44, 78 und 100 den Umschlag im Geschick; 76 und 81 die Undankbarkeit; 25, 33, 40, 47, 109 und 113 Unglück und Übel; 67, 83 und 106 den Verdruss; 96 das Verhängnis; 48 den Verlass auf sich selbst; 68 den Verstand; 6 und 9 die Verwandtschaft; 108 vorwitziges Wagnis; 88 die Wachsamkeit.

Es liegen nach diesen Angaben die Fragen nach den synonymen Sprichwörtern und nach dem Entwicklungsgange der in den altfranzösischen Karlsepen gefundenen Sprichwörter nahe, Fragen indess, deren Beantwortung über das Ziel vorliegender Arbeit hinausgeht und daher einer anderweitigen Untersuchung vorbehalten werden muss.

C.
Verwendung der Sprichwörter.

Häufigkeit der Sprichwörter.

Von der grossen Mehrzahl der altfranzösischen Karlsepen lässt sich mit Sicherheit nachweisen, dass sie Sprichwörter enthält. Zweifelhaft erscheint, ob in Ch. d. N., C. V., Fl., H. d. B., Ks. R., P. d. P. und R. Sprichwörter verwandt sind.

So verschieden die Zahl der Sprichwörter in den einzelnen Epen ist, so abweichend von einander sind auch die Ziffern, aus welchen die relative Häufigkeit der Sprichwörter zu ersehen ist. Von letzterer erhält man eine Anschauung, wenn man die Anzahl der Verse eines jeden Textes durch die Zahl seiner Sprichwörter dividirt. Für die nachstehend verzeichneten Epen ergeben sich diese Verhältniszahlen: 530 (6361/12) H. C., 687 (ca. 11000/10 + 6) A. d. B. und A. l. B., 848 (4243/5) J. d. B., 907 (10887/12) G., 1034 (4136/4) A. d'A., 1076 (4304/4) G. d. B., 1092 (6554/6) B. d. B., 1180 (ca. 5900/5) S., 1244 (6219/5) F., 1250 (1250/1) D. d. R., 1333 (ca. 16000/12) R. d. M., 1380 (2761/2) E. d. G., 1406 (8435/6) Alc., 1509 (3019/2) G. d. N., 1543 (30·7/2) Aq., 1553 (3107/2) P. l. D., 1570 (14137/9) Gar. d. M. ms., 1738 (3476/2) Ch. au C., 1741 (3482/2) B., 1750 (ca. 7000/4) R. d. C., 1752 (3504/2) A. et A., 1788 (10731/6) Gfr., 1792 (8960/5) Ant., 1865 (13055/7) Ch. O., 2000 (ca. 4000/2) B. d. C., 2133 (2133/1) O., 2196 (10983/5) A., 2468 (2468/1) Aub., 2679 (2679/1) C. L., 3300 (ca. 3300/1) G. d. R., 4114 (8229/2) E. O., 4309 (12928/3) H. d. M., 4700 (ca. 4700/1) F. d. C., 5752 (11505/2) D. d. M., 9109 (9109/1) R. d. R., 9128 C. d. J. Es resultirt aus dieser Zusammenstellung, dass H. C.,

(9128/1) A. d. B. und A. l. B., J. d. B. und G. relativ die meisten Sprichwörter, E. O., F. d. C., D. d. M., R. d. R. und C. d. J. die wenigsten bieten, und dass ferner in der Mehrzahl der übrigen Texte durchschnittlich auf 1000 bis 2000 Verse ein Sprichwort entfällt.

Was die Häufigkeit der einzelnen Sprichwörter betrifft, so ist zu bemerken, dass die Zahl derer, welche die altfranzösischen Karlsepen nur an einer Stelle aufweisen, sich bedeutend höher stellt als die der übrigen. Von diesen sind verwandt zwei Mal Sprichwort 1, 9, 13, 17, 21, 42 (D. d. R. v. 152. Ant. II. p. 175 v. 22), 47, 54, 66, 88, 94, 101, 103 und 105; drei Mal 42 (D. d. R. v. 154. F. v. 571 und 2121), 93, 95 und 104; vier Mal 97 und 111; fünf Mal 15, 85; sechs Mal 5, 31 und 92; acht Mal 11, 18, 98: neun Mal 14; zwölf Mal 16.

Stellung der Sprichwörter in der Tirade.

Bezeichnend für die naive Erzählungsweise der Epen ist in vielen Fällen die Stellung von Sprichwörtern in den Tiraden. Vor Allem gilt dies von den Sprichwörtern, welche Tiraden einleiten. Sie bilden gleichsam Vorreden zu denselben. Mit Ausnahme von Sprichwort 49 stimmen diese Stellen darin überein, dass ihnen die Wendung »vous avez oï dire« oder eine ähnliche vorangeht, Worte, die meist an die Zuhörer der chansons gerichtet sind und gewissermassen an die erhöhte Aufmerksamkeit Jener appelliren. Die Sprichwörter, mit denen Tiraden anheben, sind 49, 61, 62, 67, 68 und 69.

Nicht minder als die erwähnten Stellen zeichnen sich durch ihre Stellung in der Tirade die Sprichwörter aus, welche den Schluss derselben bilden. Diese Art der Anwendung bedingt naturgemäss einen gewissen Abschluss einer Schilderung, der eine kurze Pause folgte, sie erinnert aber ferner lebhaft an die schlussbildende Moral didaktischer Gedichte. Dass die in den chansons de geste zur Anwendung gelangten Sprichwörter indess durchaus nicht didaktisch sind, das beweist zur Genüge die in der altfranzösischen Epik bestimmt ausgesprochene Tendenz derselben, einzig und allein nationale Heldengestalten durch Verherrlichung ihrer Thaten zu feiern. Von den Sprichwörtern, welche Tiraden beenden, mögen hier genannt werden 5 (B. d. B. v. 5177—78), 9 (A. d'A. v. 2670), 16 (G. v. 4222—23. B. d. B. v. 1656), 17 (H. C. v. 3138), 18 (A. v. 2276), 21 (H. C. v. 3301—02), 22, 23, 25, 26, 27, 30, 32, 33, 34, 37, 50, 52, 53, 56, 70 (Agl. v. 1107- 09), 78, 80 (J. d. B. v. 2898—900), 103 (J. d. B. v. 390—91), 104 (Ch. au C. v. 337) und 105.

Wenn es auch üblich war, Tiraden durch Sprichwörter einzuleiten oder zu beenden, so kann doch diese Thatsache nicht als Regel aufgestellt werden, vielmehr zeigt es sich deutlich, dass in den chansons de geste am häufigsten Sprichwörter in der Weise eingeflochten werden, dass sie weder Anfang noch Schluss von Tiraden bilden.

Specielle Anwendung der Sprichwörter.

Dass die Sprichwörter sich teils in Reden und teils in Schilderungen vorfinden, bedingt die hauptsächlichste Verschiedenheit ihrer Anwendung. Es leuchtet ein, dass die Sprichwörter der Schilderung subjectiver, die der Reden objectiver Natur sind, indem jene Bemerkungen der Autoren, diese Äusserungen von handelnd und redend auftretenden Personen der Epen sind. Näher lässt sich die verschiedene Art und Weise der Anwendung von Sprichwörtern der Karlsepen bestimmen unter Zugrundelegung der Auswahl nachstehender Stellen.

Unter den Sprichwörtern der Schilderung zeichnet sich eine Anzahl vor Allem durch die Eigentümlichkeit aus, dass sie auf folgende Darstellungen Bezug nimmt und meist unerwartete Wendungen im Gange der Handlungen vorbereitet. Zu diesen Sprichwörtern gehören ausser jenen, mit welchen

Tiraden anheben. Sprichwort 4, 18 (G. v. 8116—17), 42 (O. d. R. v. 154—56), 53, 78, 80 und 81. Stellen, die eingeleitet sind mit einer Wendung wie »mais en dist, mais li vilains dist, mais uns proverbes me apreut et chastie oder venuz j'ai ci dire«. Als Beispiel dieser Gruppe mag Sprichwort 5 (A. d. B. p. 7 v. 25—27) dienen. Der Autor hat berichtet, dass die beiden Söhne des Baiernkönigs auf das Leben des Auberi und Garselin einen Anschlag planen und sich zur Ausführung desselben anschicken:

> Onques i fut ... .
> Il ... tenoun, qui est duc, de meubier;
> Par traison venient Aubri heisier.
> Mais en le dist souent en reprovier:
> Teix cuide autrui un grant mal perchacier,
> Qui en grant honte fait primes aunecier.
> Ami vos di de Congre l'aunenier:
> Les ... barons cuideit il enillier,
> Mais il enru promernina son lenier. A. d. B. p.7 v. 22—30.

Die Wahrheit dieses Sprichwortes bethätigt sich an den Urhebern des verräterischen Planes, indem sie durch Auberi den Tod finden.

Nach Art ihrer Anwendung stellen sich zu einer zweiten Kategorie die Sprichwörter zusammen, welche sich an die Schilderung von Ereignissen oder Situationen knüpfen, dieselbe abschliessen und concrete Fälle verallgemeinern. Derart findet man angewandt Sprichwort 9 (A. d'A. v. 2670), 11 (Ch. O. v. 5541, S. II. p. 121 v. 4, J. d. B. v. 211, P. l. D. v. 270), 16 (J. d. B. v. 214, M. v. 307, G. v, 4222—23), 22, 25, 26, 32, 33, 34, 50 und 105. Meist sind dies Sprichwörter, mit denen Tiraden enden. Jene werden eingeleitet vorzugsweise durch »car, que, por ce, de ce«, oder auch es findet keine Verknüpfung der Sprichwörter mit den ihnen vorangehenden Versen statt. Im Wesentlichen lässt sich die Art der Anwendung obiger Sprichwörter aus der nachstehenden Alc. entnommenen Stelle ersehen. Guillaumes eilt nach der Niederlage bei Aliscans Hilfe suchend an den Hof zu Paris, in seiner Dürftigkeit und Armut begegnen ihm die, welche er früher mit Geschenken und

Ehren überhäuft hat, mit Gleichgültigkeit. Von diesen sagt der Autor:

> Guillame laissent, es les vos retornés;
> El palais montent par les marbrins degrés.
> Li gentix hom est estraiers remés.
> Anqui saura Guillames au cort nés
> Com povres hom est dou riche apelés,
> S'il est avant ou arire boutés.
> De chou si dist li vilains verités:
> Ki le sien pert assés chiet en vieutés;
>   C'est sans (nule) dotance. Alo. v. 2440—48.

Die übrigen in der Schilderung zur Anwendung gebrachten Sprichwörter, zumeist weder Anfang noch Schluss von Tiraden bildend, lehnen sich ihrem Inhalt nach eng an die sie begleitenden Verse, laufen in der Erzählung mit unter, ohne auf vorhergehende oder folgende wichtige Ereignisse hinzudeuten. In dieser Weise sind angewandt Sprichwort 14 (R. d. M. p. 195 v. 11 und p. 227 v. 2), 18 (A. v. 671, 800 und 2229), 31 (E O. v. 1256), 64, 88 (A. d. B. p. 16 v. 8) und 92 (E. d. G. v. 1565). Man erhält von dem diesen Sprichwörtern gemeinsamen Charakter leicht eine Anschauung durch nachstehende Stelle. In R. d. M. p. 222 wird die Ankunft der von Yon gesandten Ritter in Montauban mitgeteilt. Sie bitten Renaut, den von Roland wegen des an Karl und Renaut begangenen Verrates zum Tode bestimmten Yon von einem schmachvollen Ende zu erretten. Der Eindruck, den die Worte der Ritter in Renaut und seinen Brüdern hervorrufen, spricht sich in folgendem Passus aus:

> »Dahait ait,« dist Aallars, »qu'en donroit .i. boton?
> Bien doit avoir grant honte, morir à deshonor.
> Et Rollans ait dahé el col et el menton,
> Se il nel pent encui com .i. autre laron.«
> Quant Renaus l'a oï, si embroncha le front.
> Or fu si entrepris qu'il ne dit o ne non.
> Il regarde ses frères qui bon chevalier sunt
> Et plore tenrement des biaus oels de son front;
> Car cuers ne puet mentir, quant ce vient au besoing.

Une pûtes passa, puis dist comme prudom:
Jamais nus chevaliers ne dira tel raison.
R. d. M. p. 296 v. 32— p. 297 v. 4.

Den Sprichwörtern der Schilderung steht eine grössere Anzahl von in Reden erscheinenden gegenüber. Da diese der Art ihrer Anwendung nach sich der Classificirung jener entziehen, so dürfte es sich empfehlen, erstere in Rücksicht auf Inhalt und Charakter der Reden zu betrachten. Aus der Zahl der sonach entstehenden Gruppen mögen an dieser Stelle die folgenden hervorgehoben werden.

Eine Reihe von Sprichwörtern findet sich in Monologen. Im Bittgebet, mit dem Auberis auf der Flucht um den Beistand Gottes fleht, fliesst Sprichwort 46 unter. Ein Dankgebet sind die Sprichwort 16 (A. d. B. p. 128 v. 23) enthaltenden Worte Auberi's. Den Schlusssatz eines Dankgebetes bildet Sprichwort 18 (A. v. 2276). In dem Klageruf Renaut's, der von Karl in Montauban belagert mit den Seinen dem Hungertode nahe gebracht ist, erscheint Sprichwort 13 (R. d. M p. 352 v. 12). Die Klage Karl's über Bauduin's Tod beschliesst Sprichwort 102. Die Geringschätzung, welche der als Pilger verkleidete Drogons von Hugues hat erdulden müssen, lässt Ersteren die Worte des Sprichworts 58 au-rufen. Die Falschheit von Frauen beklagen bitter die Monologe, in denen Sprichwort 15 (A. l. B. p. 42 v. 28. A. et A. v. 1218) sich findet.

Den genannten Stellen stehen nach der Art der Anwendung in Reden am nächsten Sprichwort 15 (R. d. C. p. 226 v. 8) und 16 (A. d. B. p. 170 v. 19). Während diese Reden angehören, welche an die Form des Monologes erinnern, so fliessen die jenen nahestehenden Sprichwörter 15 (F. v. 5276. G. v. 9124), 16 (Gfr. v. 3862—63), 38 und 76 in Zwiegesprächen unter, und zwar sind sie Reden entnommen, aus denen Entrüstung über Enttäuschung meist von Seiten einer Frau spricht.

Als Stütze einer Lüge im Munde einer Frau dient Sprichwort 88 und 103. Als Mittel der Überredung zu ehrlosem Thun wendet Margiste ihrer Tochter Aliste gegenüber in der Rede Sprichwort

55 an, während die Genossen Hardré's mit Sprichwort 47 »Mal doit-on faire por le pis abaissier« sich zureden und durch den Inhalt jener Worte berechtigt zu sein glauben, Ogier an Karl auszuliefern, um von diesem als Lohn Verzeihung zu finden.

Öfter sind in den chansons de geste den Reden vor Beginn und während eines Kampfes Sprichwörter eingeflochten, so Sprichwort 14 (R. d. C. p. 180 v. 8), 42 (F. v. 571), 44, 54 (Gfr. v. 6168), 83, 101, 108 und 110.

Die Ratschläge, welche Naymes in einer Ratsversammlung Karl dem Grossen giebt, schliesst Sprichwort 28 ab. Den Lehren, welche der zum Ritter geschlagene Loeys von Naymes erhält, fügt dieser Sprichwort 93 (Ch. O. v. 7337) hinzu. Mit Sprichwort 90 leitet in einer Beratung der Königin Blancheflor mit zehn Rittern einer derselben seine Rede ein. Bei Gelegenheit einer Unterhandlung oder im Laufe der Verhandlung einer Gesandtschaft werden angeführt Sprichwort 24, 70 und 111.

Oft auch dienen Sprichwörter in Reden als Trostesgründe. Fälle dieser Art bieten Sprichwort 12, 65, 87, 89, 98, 100 und 109.

Unbesonnenes Handeln schelten in mehr oder minder herber Weise Sprichwort 17 (H. C. v. 3138), 21 (H. v. 687) 30, 48, 82, 86 und 107.

Die bisher genannten Sprichwörter der Reden haben das Gemeinsame, dass sie von je einer Person ausgesprochen werden. Abweichend von dieser Regel trifft man einige Sprichwörter der Karlsepen, welche einer grösseren Anzahl von Leuten in den Mund gelegt wird. Dies ist der Fall in R. d. M. p. 153 v. 20 (dient si home), in H. d. M. v. 8128 (li quens de Bar, li bers Sanses et Gobers), A. d'A. v. 2861 (ce dient li roial), H. C. v. 2824 (là dient l'un à l'autre ly prinche et ly guerier), Ant. II. p. 27 v. 9 (li baron).

Träger der Sprichwörter.

Wie schon hervorgehoben ist, finden sich in den chansons de geste Sprichwörter häufiger in Reden als in der Schilderung. Jene sind meist einzelnen Personen und zwar vorzugsweise

Christen in den Mund gelegt. Relativ am öftesten verwenden Sprichwörter in Reden Naymes: 28, 70, 86, 93 (Ch. O. v. 7337) und 98 (Aq. v. 1079); Auberis: 6, 15 (A. l. B. p. 42 v. 28), 16 (A. l. B. p. 128 v. 23), 46 und 98 (A. l. B. p. 123 v. 17); Oliviers: 42 (F. v. 571), 44, 83 und 85 (F. v. 221); Renaus: 13 (R. d. M. p. 352 v. 12), 84, 85 (R. d. M. p. 64 v. 13) und 108; Karl der Grosse: 48, 102 und 106. Im Übrigen lässt sich nachweisen, dass in den Epen die eine wesentliche Rolle spielenden Helden wie Amis, Amiles, Aymes, Garins, Guillaumes, Hervis, Ogier, Reniers, Yon u. A., wenn auch nur einer ihrer Reden, ein Sprichwort eingeflochten haben. An keiner Stelle hingegen scheinen Roland's Reden ein Sprichwort aufzuweisen.

Verhältnismässig niedrig stellt sich die Zahl der Sprichwörter, welche Reden von Frauen angehören. Eine Christin oder Heidin ist die Trägerin von Sprichwort 21 (H. C. v. 3301—02), 42 (F. v. 2121), 55, 85 (Gfr. v. 6023—25), 91, 98 (Aq. v. 1327. B. d. C. v. 559), 100 und 103 (J. d. B. v. 3254).

Verzeichnis der nach Texten geordneten Sprichwörter altfranzösischer Karlsepen.

A. — v. 671 (18). v. 800 (18) v. 2239 (18). v. 2276 (18). v. 5596—97 (63).
A. d'A. — v. 884—85 (50). v. 2656 (14). v. 2670 (9). v. 2864—55 (37).
A. d. B. — p. 5. v. 15—18 (4). p. 7 v. 25—27 (5). p. 16 v. 8 (88).
 p. 53 v. 25—26 (61). p. 54 v. 17—19 (6). p. 128 v. 23 (16). p. 152
 v. 24 — p. 153 v. 1 (33). p. 159 v. 4—6 (7). p. 170 v. 19 (16).
 p. 152 v. 24 — p. 153 v. 1 (33). p. 159 v. 4—6 (7). p. 170 v. 19
 (16). p. 179 v. 12—14 (46).
A. et A. — v. 1218 (15). v. 2856—57 (85).
Agl. — v. 1107—09 (70). p. 170a (30). p. 174a (1).
A. L B. — p. 1 v. 19—21 (62). p. 3. v. 29—30 (1). p. 38 v. 31—32
 (34). p. 41 v. 28—30 (78). p. 42 v. 28 (15). p. 123 v. 17 (96).
A. l. Borg. — p. 207 v. 23—26 (8). p. 229 v. 54 — p. 230 v. 1 (79).
 p. 233 v. 25—26 (66).
Alc. — v. 2385 (85). v. 2446—48 (32). v. 3834 (90). v. 4884 (75).
 v. 7545—47 (76). v. 8395 (100).
Ant. — I. p. 176 v. 5. (11). II. p. 27 v. 9 (98). p. 176 v. 22 (42).
 p. 222 v. 12—14 (45). p. 250 v. 19—20 (5).
Aq. — v. 1079 (98). v. 1327 (98).
Asp. — p. 58 (28).
Aus Aspremont, Hist. litt. XXII p. 703 (39).
Aub. — v. 83—84 (19).
B. — v. 367—68 (55). 1663-64 (69).
B. d. B. — v. 796 (113). v. 1656 (16). v. 3920-21 (27). v. 4094 (92).
 v. 5177—78 (5). v. 5659—60 (59).
B. d. C. — v. 34—37 (68). v. 559 (98).
C. d. J. — v. 8969 (98).
Ch. au C. — v. 337 (104). v. 1214 (80).
Ch. O. — v. 1264—65 (82). v. 5541 (11). v. 7337 (98). v. 7805 (96).
 v. 7848—53 (81). v. 8199—200 (47). v. 10140 (18).
C. L. — v. 2574 (101).
D. d. M. — v. 1908—09 (43). v. 6405—07 (56).
D. d. R. — v. 151—54 (42).
E. d. G. — v. 1565 (92). v. 2383—84 (11).
E. O. — v. 1256 (81). v. 2601 (16).
F. — v. 221 (85). v. 493—95 (44). v. 571 (42). v. 2121 (42). v.
 5276 (15).
F. d. C. — p. 8 v. 5 (9).
G. — v. 2247 (11). v. 3200 (108). v. 4222—23 (16). v. 5556—59 (65).
 7534—35 (51). v. 8116—17 (18). v. 8277—79 (66). v. 8330—32
 (67). v. 8490—92 (52). v. 8587—88 (53). v. 9124 (15). v. 9888 (98).

Gar. d. M. — v. 50–51 (77).
Gar de M. mn. — f. 13c 2 (16). 15b 2—3 (5). 35d 26—27 (77). 73a 30 (16). 75c 26—27 (76). 77a 3 (11). 84a 1—2 (5). 87a 15—16 (5). 101e 24 (16).
G. d. B. — v. 780 (116). v. 2117 (111). v. 2134 (54). v. 2156 (111).
G. d. M. — p. 456 v. 1 (92). p. 495 v. 31 (96). p. 543 v. 24 (94).
G. d. N. — v. 430 (105). v. 1454 (105).
G. d. R. — p. 351 v. 22 (57).
Gér. — v. 1818—19 (87). v. 6022—25 (88). v. 6165 (54). v. 6188—89 (99). v. 8862—63 (16). v. 9239—40 (17).
H. — v. 309 (106). v. 687 (21). v. 723 (107).
H. C. — v. 366 (112). v. 756—59 (90). v. 2661—62 (35). v. 2825—26 (20). v. 3138 (17). v. 3300—02 (21). v. 3306—07 (91). v. 3947—48 (23). v. 4277—80 (23). v. 4722—24 (24). v. 5636—37 (25). v. 5692—95 (26).
H. d. M. — v. 8117—18 (31). v. 8128 (14). v. 9691—92 (16).
J. d. R. — v. 211 (11). v. 214 (16). v. 390—91 (103). v. 2898—900 (80). v. 3234 (103).
Le Moinage Rennar, L. II. p. 497 (10).
Li Moninges Guillaume, L. II. p. 495 (35).
Loh. — I. p. 45 v. 6—7 (95). p. 160 v. 11 (14). p. 160 v. 12 (92). p. 171 v. 15 (2). p. 239 v. 14 (93). p. 262 v. 13 (96). p. 262 v. 14 (94). p. 263 v. 15—16 (95). p. 280 v. 18 (92).
II. p. 55 v. 21 (31). p. 55 v. 22 (14). p. 96 v. 15—17 (71). p. 132 v. 15 (18). p. 133 v. 4 (18). p. 146 v. 6 (93). p. 159 v. 7 (97). p. 201 v. 11 (96). p. 205 v. 5 (5). p. 209 v. 3—4 (72). p. 218 v. 10—12 (46). p. 232 v. 3—4 (92).
Loh. B. — 8a 26 (95). 8d 10 (14). 13f 53 (95). 18b 55 (31). 23e 2 (97). 26a 25 (96). 38c 15 (97). 47e 49 (96). 54a 32 (104). 63d 56 (47). 43f 13 (104). M. — v. 307 (16).
Maugis d'Aigremont, Hist. litt. XXII p. 703 (39).
M. d. G. — v. 661 (31). v. 1191—92 (95). v. 2570 (97). v. 4709—01 (74). p. 235 v. 14—15 (60).
O. — v. 902—06 (83).
P. l. D. — v. 93 (16). v. 270 (11).
R. d. C. — 178 v. 3 (101). p. 180 v. 8 (14). p. 226 v. 7—8 (15). p. 294 v. 12—18 (38).
R. d. M. — p. 64 v. 13 (85). p. 153 v. 20 (111). p. 153 v. 38 (111). p. 176 v. 25 (12). p. 178 v. 19 (13). p. 195 v. 11 (14). p. 237 v. 2 (14). p. 304 v. 2 (109). p. 352 v. 12 (13). p. 355 v. 38 (84). p. 356 v. 36—37 (85). p. 395 v. 23—24 (86).
R. d. M. (M.) — p. 18 v. 37—39 (64).
R. d. R. — v. 12917—18 (41).
Roman de Guillaume d'Orange, L. II. p. 496 (32).
Roman des Lorrains, L. II. p. 492 (40).
S. — I. p. 246 v. 5 (48)
II. p. 54 v. 18 (49). p. 121 v. 4 (11). p. 152 v. 18—19 (86). p. 156 v. 19 (102).

Anmerkungen.

Zu Sprichwort 1. — Das Pendant zu diesem Sprichwort »Qui a bon voisin a bon matin« L. II. p. 380 ist allem Anschein nach in den altfranzösischen Karlsepen nicht angewandt worden. Es scheint, als ob es überhaupt weniger im Gebrauch gewesen ist als Sprichwort 1.

Zu Spr. 7. — Wie der eigentliche Wortlaut gewesen, konnte nach dem vorhandenen Material nicht festgestellt werden. Jedenfalls ist der Sinn: Vor den Eifersüchtigen muss man sich hüten.

Zu Spr. 11. — Über die Deutung herrschen geteilte Ansichten. F. Michel giebt S. II. p. 205 in der Anm. zu p. 121 v. 4 nichts Positives zur Erklärung; ebensowenig Hist. litt. XXII. p. 424 und Burguy, Gramm. III. p. 375. Paulin Paris setzt es in Ant. I. p. 176 Anm. 2. gleichbedeutend mit »la faux tond le pré«. Gachet, Glossaire roman p. 217 teilt dessen Ansicht. P. Meyer, D. ms. p. 173 erklärt es aus »La faulx paie les pres« corrumpirt. K. Hofmann, J. d. B. p. 232 Anm. zu v. 211. übersetzt »Die Gewalt weidet die Wiese ab, d. h. Übermacht gewinnt«. Dieser Ansicht ist auch Littré. Belege finden sich in acht Karlsepen. Ferner citirt das Sprichwort L. II. p. 477, Gachet Glossaire roman p. 217, Burguy aus Henri de Valenciennes p. 202. Auch tritt es in der Conquête de Constantinople p. 360 v. 17 und Croisade II. 27 auf. Abgesehen von letzterer Stelle, welche den Plural »forces« enthält, zeigen die übrigen Belege den Singular. Dass dieses Wort im Altfr. ausser »Gewalt« noch »Scheere« bedeutet, beweist Dies im Wörterbuch; vgl. ferner E. O. v. 5455 und Roman de Renart v. 673 und 1064. Nach der Wahl nun der Bilder in den altfranzösischen Karlsepen zu urteilen, verdient die Übersetzung durch Scheere den Vorzug. Nur so gelingt es Croisade II. 27 in Einklang mit der Version, welche die übrigen Belegstellen zeigen, zu bringen. Gegen die Annahme aber, »la force paist le pré« sei corrumpirt aus »la faulx paie les pres«, spricht,dass ein Sprichwort, welches im Altfranzösischen geläufig war, schwerlich von einem anderen den Sinn entlehnt hat, das weniger üblich war und zudem nicht aus frühen Texten nachgewiesen ist. Allmählig mag man sich daran gewöhnt haben, unter »force« Gewalt zu verstehen.

Errata:

S. 10 Spr. 5 Z. 14 l. »dit« sf. »dist«. — Spr. 6 Z. 1 l. »mainte« st. »maintes«. — Spr. 7 Z. 1 l. »reprouuier« st. »reprouier«. — S. 11 Z. 1 l. »ains« st. »Ains«, L. »nies« st. »nies«. Spr. 15 Z. 3 l. »Géri« st. »Géris«. Spr. 15 Z. 8 l. »meschine« st. »meschinel«. — S. 12 Spr. 16 Z. 21 l. »73a v. 30« st. »37a v. 30«. — Spr. 18 Z. 8 l. »honi« st. »honis«. — S. 13 Spr. 21 Z. 5 l. »meschant« st. mechant. — S. 16 Spr. 45 Z. 2 l. »mius« st. »mieus«. — S. 17 Spr. 54 Z. 2 l. »6168« st. »6167«. — S. 18 Z. 2 l. »Que« st. »Qe«. — S. 19 Spr. 71 Z. 2 L »ealongne« st. »ealonge«. Z. 8 l. »biens« st. »bien«. — Spr. 74 Z. 2 l. »desarmée« st »desarmée«. — Spr. 75 Z. 1 l. »prueve« st. »prueue«. — Spr. 80 Z. 5 L »Dieux« st. »Diex«.